ÉPITRE

SUR LA MORT DE MON FRÈRE.

_ ... à la Ste Vierge et l'enfant Jésus.

ÉPITRE

SUR LA MORT DE MON FRÈRE

OU

ENTRETIEN BIOGRAPHIQUE ET SPIRITUEL

SUR MA VIE;

SUIVI D'UNE PRIÈRE D'ACTIONS DE GRACES
A NOTRE-DAME-DES-SEPT-DOULEURS.

Par J.-F. Vallion.

La vérité est mon droit ;
La Religion est ma force.

PARIS,

Impr. DE H. VRAYET DE SURCY ET Cᵉ, rue de Sèvres, 37.

—

1845.

ÉPITRE

SUR

LA MORT DE MON FRÈRE.

A MON FRÈRE.

O mon frère ! ô mon ami ! Pourquoi de ce monde si vite t'es-tu enfui ?

De tes sombres pensées, je ne pus te deviner ; de tes plaintes accablé, je ne voulus t'écouter que du haut du Parnasse. Le signal t'est donné ; le créateur à lui venait de te rappeler.

Tu voulais obéir, par de tristes idées pour réaliser tes funestes destinées.

De ta sobriété au spectacle étranger, je ne peux y penser, pour effacer tes péchés fallut-il toi-même t'immoler ?

O mon Dieu! Comme aux temps reculés l'agneau sur l'autel son sang doit couler ; de son bras fatigué quel esprit l'a poussé? D'un courage redouté je suis effrayé.

Tu ne redoutes plus rien pour arriver à de funestes desseins ; de ta place dans le ciel marquée, par des chemins égarés Dieu devait te guider du martyre éprouvé de tes souffrances accablé par un sacrifice tu devais me quitter.

Et Dieu qui permettait toute destinée, de cruelles idées, je n'ose y penser, et son sang par lui épanché me couvre d'un voile accablé.

De ses longues souffrances effrénées son moral affecté ; il ne put plus se guider, d'humaine fragilité sommes-nous exposés? Au séjour des élus il voulut aspirer, de son corps accablé son âme fatiguée en silence au Seigneur venait de monter avant que l'aurore ne vienne m'éclairer.

De ton frère éploré ne savais-tu pas que tu étais aimé et du coup mortel que tu t'es porté, tu laissais à jamais ton frère blessé, de tes prévenances empressées tu ne réfléchis pas que sous le poids accablé son faible corps allait se briser,

A quel spectacle, ô mon frère, m'as-tu éprouvé? si de tes pensées je ne t'ai écouté; je ne voyais point la mort près de toi se glisser.

Oui, ô mon frère, je le sais, ce fantôme redoutable t'avait épouvanté; mais sur son livre, mon frère, tu n'étais point marqué et près de toi il n'osait approcher : par de vaines pensées il osa te tromper, aux discours de la mort tu fus apprivoisé.

De son succès enchanté, de son char funèbre ce fantôme descend pour t'y faire monter. Au champ des morts elle se fit un plaisir de t'y voir entraîné.

Va, ô mon frère, repose en paix dans le tombeau que je t'ai préparé. Le maître des destinées de cette terre voulut nous séparer ; mais encore quelques instants et j'irai te trouver.

De notre famille éplorée, je suis seul épargné comme un épi de blé sur le sillon resté... oublié.

De l'orage étonné, de tant de tempêtes éprouvé, je me suis affaissé ; de vos coups redoublés, Seigneur, je suis épouvanté. Mon âme désolée contre mes destinées. Je dois m'y conformer, puisque seul vous me laissez pour vous prier.

Oh ! Vierge, mère du Christ, ô reine des martyrs, recevez dans le ciel un pécheur martyr, et près de votre fils soyez sa protectrice. Protégez ses faiblesses, épargnez l'homicide.

O Mère des douleurs et de tous les affligés, près de vous notre mère à genoux et prosternée, daignez la regarder, et ses bras élancés vers son fils égaré, sa mère l'a retrouvé.

De l'innocence approuvée au ciel; le faible d'esprit a droit d'aspirer, comme sur l'évangile Dieu ne peut se tromper.

De souffrances mon frère sur la terre éprouvé, de travaux accablé son être est fatigué, de ses sueurs la terre abreuvée, au malheur il ne put surmonter d'un moral égaré, par un sacrifice en silence il devait me quitter.

Mais, ô mon Dieu, contre vos volontés devrai-je m'alarmer? De fragilité ne sommes-nous pas exposés?... Dès mon enfance du malheur éprouvé, ne puis-je m'habituer? Trop jeune de mon père privé de mort étonné fallut m'apprivoiser. Au milieu des tempêtes notre mère est laissée, au soldat étranger se trouve délaissée; du malheur accablé l'orphelin resté seul est abandonné.

Du chagrin je commence d'éprouver. Notre mère affligée ne peut les supporter, du désespoir affectée, au spectable effrayant trop jeune je devais commencer et sur un brasier enflammé que vois-je pour commencer? Notre mère évanouie et presque consumée.

Du martyre éprouvée comme les saints elle sait se résigner, de ses membres amputés elle dut les supporter et son sein déchiré en lambeaux fut enlevé, et malgré ses prières par une mort subite Dieu près de lui voulut nous l'enlever après quinze années de souffrances, résignée la mère de son fils trop tôt fut séparée.

De tant de tempêtes éprouvé, il me restait mon frère pour les partager. Hélas! d'une force à tromper, il ne put supporter les maux qui devaient l'accabler.

Dès son enfance par sa mère trop tendre guidé, comme l'enfant trop jeune il allait sur l'abîme s'exposer.

De tant de maux et de ses travaux accablé, pour lui sa vie est un fardeau trop lourd pour lui à traîner et de ses blessures cruellement agité, son moral, ô Seigneur, se trouve égaré.

Tant de sueur sur la terre par lui abreuvée et son sang par lui épanché nous laisse à jamais accablés.

De tes funestes pensées, ô mon frère, pardonne-moi si je n'ai su te deviner ; combattant tes idées je n'ai pu t'écouter et de tes souffrances désolé je ne les ai partagées, combattant tes faibles au lieu de les supporter, je ne sus les partager.

O pitié, ô mon frère ! l'instant est arrivé où le glaive à jamais va nous séparer ; mais tu ne peux me quitter malgré ton secret trop caché ; tu ne pus encore te frapper sans me regarder et tes yeux mourants égarés restèrent à jamais sur moi fixés et de mon sommeil agité par tes coups redoublés je fus arraché, comme d'un voyage, empressé de mon lit, je descends pour t'accompagner et trompant mes idées sans m'avertir au fond de l'abîme, je te vois tombé sans pouvoir te retirer.

O mon Dieu qui voulez cruellement nous
séparer, pourquoi de son lit désolé ne puis-je
m'éclairer? fallait-il tel que sur un volcan cal-
ciné l'un et l'autre nous nous fûmes entraînés?
Comme l'enfant imprudent sur le rivage trop
près, ô mon frère, je te laisse avancer à tes cris
redoublés, je ne crus au danger c'est que je
ne voyais point comme toi la mort t'approcher.

Hélas ! c'en est fait du trépas, tu as com-
mencé en silence, au ciel ton âme est montée
et tes bras en mourant vers moi élancés ne pu-
rent être retirés.

Je ne puis que regretter le talent pour
mieux m'expliquer, de ces signes sous le chagrin tracés je ne fais que m'épancher et de
ma faible vie, je fais ce moindre exposé,

Notre mère au malheur de bonne heure je
sus la protéger d'une faible famille. Notre père bien jeune je dus remplacer, de notre mère et mon frère notre ménage est formé : à
trois mon jeune âge s'est passé.

Mais hélas ! des temps, ô Seigneur, malgré

nous vous voulez disposer, comme Job de vos volontés je suis résigné , vous m'avez enlevé de jeune âge tout ce qui m'était de plus cher attaché, au sanglant sacrifice vous m'avez fait assister, mon ame affligée ne trouve d'appui que dans vos volontés et à trois vous m'avez ôté de mon age avancé, trois vous m'avez redonné.

De tant de revers éprouvé, malgré mon âge je me crois avancé, aux douleurs morales je me sens affecté. Malgré les bontés d'une épouse empressée, un chagrin trop cruel je ne puis surmonter.

Mais pourquoi ne pas me conformer à la main de Dieu qui a voulu par sa volonté me frapper ? Quand de loin je vois son bras me guider ; ne dois-je point me rassurer ?

Quand de mon jeune âge à trois mes années sont passées de nos fragilités, Dieu voulut m'éprouver en m'ôtant notre mère et mon frère qu'à ses volontés il fallut se résigner.

D'après ses volontés le maître des destinées

n'a voulu que m'éprouver puisqu'à deux êtres sensibles j'étais attaché, je fus tout à coup séparé. C'est qu'il m'avait redoté d'une compagne sensible et attachée et une enfant sous la forme d'un ange Dieu venait de m'envoyer encore à trois mon faible ménage se trouve recomposé.

PRIÈRE

ET

ACTIONS DE GRACES.

O mon Dieu, puisque de ma famille je suis le seul épargné pour vous prier ; Daignez exaucer mes prières, veuillez recevoir dans le ciel des amis affligés. Vous, Seigneur, qui affligez ceux que vous aimez, vous savez quels droits ils ont à vos bontés.

Je dépose au pied de votre croix leurs souffrances et les miennes pour participer à votre sainte passion et que leurs souffrances et votre mort servent à la rémission de leurs péchés e des miens.

O Vierge! mère de Dieu et de tous les affligés, jetez un regard de pitié sur moi ; voyez

les douleurs dont ma vie par intervalles es
a breuvée.

Je me mets sous votre sainte protection
priez votre cher fils d'avoir pitié de l'innocente
victime immolée et qu'il ait droit par ses souffrances et ses pénibles travaux sur la terre au
bonheur éternel et qu'il ait droit comme cette
parabole de l'évangile : venez à moi les pauvres
d'esprit et les affligés, le royaume des cieux
est à eux.

O Vierge, mère des sept douleurs, consolez
dans le ciel notre pauvre mère dont tant de
souffrances et de maux ont accablé sur la terre,
soyez sa compagne et sa consolatrice dans le
ciel et son avocate près de votre divin fils et
que par votre intercession, son infortuné fils
soit désormais placé comme en ce monde
sous sa tendre protection et que l'un et l'autre en nous attendant jouissent par votre protection du séjour des bienheureux.

Ainsi soit-il.